EL REY DE LAS OCTAVAS

por **Emma Romeu**

Ilustrado por
Enrique S. Moreiro

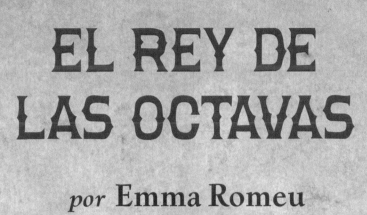

LECTORUM
PUBLICATIONS INC
a subsidiary of Scholastic Inc.
New York

AGRADECIMIENTOS DE LA AUTORA

Agradezco a quienes han trabajado este libro con esmero, y especialmente a Teresa Mlawer
por su estímulo de años y a Enrique Moreiro por su dedicación y admirable arte.

AGRADECIMIENTOS DEL ILUSTRADOR

El ilustrador expresa su agradecimiento a Emma Romeu, Teresa Mlawer, Alicia Terrón
y Miguel Ángel Gómez por su inestimable aportación documental, apoyo y consejos.

Library of Congress Cataloging-in-Publication Data

Romeu, Emma.

El rey de las octavas / por Emma Romeu ; ilustrado por Enrique S. Moreiro.

p. cm.

1. Brindis de Salas, Claudio José Domingo, 1852-1911–Juvenile literature.
2. Violinists–Cuba–Juvenile literature. I. Moreiro, Enrique S. (Enrique Sánchez) ill. II. Title.

ML3930.B82R66 2007

787.2092–dc22

[B]

2006039573

ISBN-13: 978-1-933032-26-9
ISBN-10: 1-933032-26-X

10 9 8 7 6 5 4 3 2 1

Printed in Singapore

First published in 2007

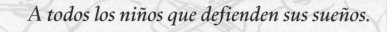

A todos los niños que defienden sus sueños.

—E. R.

Al jovencísimo Claudio
y su prodigiosa vocación musical.

—E. S. M.

"Do re mi . . . do re mi . . . ", CLAUDIO APRETABA EL PASO Y REPETÍA EN SU cabeza las notas musicales para que el camino no se le hiciera tan largo. "Do re mi . . . do re mi . . . ", volvía a solfear en silencio por la populosa callejuela empedrada. Las gotas de sudor caían por su negra nariz y algunas salpicaban caprichosas el estuche del violín que llevaba bien sujeto y se movía con su apurado andar. Todavía le faltaban unas calles para llegar a la casa de las tejas verdes y no quería demorarse. Era su primer día de clases.

Pero no hay que pensar que Claudio iba tan de prisa para recibir su primera lección de música. De ninguna manera: ¡ése era su primer día como maestro! Desde pequeño tocaba muy bien el violín. Su padre le había enseñado y ahora que tenía cumplidos los doce años ya había compuesto varias contradanzas. Una de esas piezas musicales se la dedicó a una jovencita de pelo rizo y boca pulposa, igual que él, a quien conoció cuando atravesaba el mercado camino a los ensayos. Sin embargo, nunca pudo interpretar aquella música para que ella la escuchara, porque sus dueños se la llevaron a la casona colonial del ingenio azucarero como lavandera. La chica era una esclava.

Claudio apuró más el paso "Do re mi . . . do re mi . . . ".

Al cruzar frente al comercio español de la esquina, una mujer le dio un codazo a la vendedora andaluza que estaba a su lado.

—¡Ahí va el hijo del músico negro! —comentó e hizo un gesto con la cabeza para señalarlo—. Dicen que es un talento, igual que su padre.

El padre de Claudio era el director de la orquesta que animaba los bailes de la alta sociedad. En ocasiones, tres de sus hijos lo acompañaban con sus instrumentos. Claudio era en ese entonces el más joven de la orquesta, pero cuando hacía sonar su violín, los otros músicos se quedaban atónitos.

Gracias a esa destreza, ahora Claudio iba de prisa a la casa de las tejas verdes para impartir su primera clase. La casona pertenecía a un vizconde y a su esposa. La vizcondesa Marguerite era una gran amante de la música, y había escuchado tocar a Claudio ante el gran público en el Liceo de La Habana. ¿Qué no daría la exquisita dama para que su hija tocara algún instrumento con aquella maestría? Había intentado obligarla a aprender piano con el viejo maestro catalán que vivía en la ciudad, y también hizo llamar a la profesora de moda entre las señoritas de sociedad. Pero nada cambiaba la actitud caprichosa de la niña, que cuando los profesores hacían sonar el instrumento se movía por el salón al compás de la música, en vez de atender la lección. Sin embargo, durante el concierto del violinista negro en el Liceo, a la vizcondesita se le había acelerado la respiración. Bien la conocía su madre para saber cuando algo la emocionaba. Quizás si aquel joven negro le enseñara a tocar el violín . . .

"Do, re, mi . . . Do, re, mi . . .". Claudio resopló por última vez al llegar delante de la casa de las tejas verdes, y sacó su blanquísimo pañuelo de hilo con las iniciales *BS* bordadas, para secarse el sudor antes de llamar a la puerta. Eran las iniciales de su estrambótico apellido: *Brindis de Salas*. Muy pocos negros llevaban pañuelo tan fino en la ciudad. ¡Ni en la ciudad, ni en ningún otro sitio de la isla! En los ingenios y cañaverales los negros esclavos no tenían tiempo ni para secarse el sudor. En el campo, cortaban y cargaban la caña de azúcar que les rompía las manos con sus hojas filosas y les daba picazón en la piel. Y si se quejaban, allí estaba el mayoral con su látigo hecho de cuero de manatí.

Claudio oía hablar de esas cosas y se le ponía la piel de gallina al imaginar que sus finas manos, adiestradas para tocar el violín, tuvieran que agarrar un machete y de un golpe echar abajo la caña, darle otro tajo arriba para quitarle las hojas y uno más en el centro para convertirla en trozos. Seguramente sus inexpertas manos dejarían escapar el machete y el mayoral le pegaría en la espalda. ¿Pero qué pensamientos eran aquellos? Él no era un negro esclavo, sino una persona libre, igual que su padre y sus tíos y otros artesanos, comerciantes y artistas de su color, cuyos antecesores obtuvieron la preciada libertad por diversas vías. Nadie lo podía comprar ni vender. Y en este momento sólo tenía que levantar aquella aldaba de bronce y dar un golpe en la ancha puerta de cedro para que le vinieran a abrir.

"¡Tooon!", resonó la aldaba cuando la dejó caer y Claudio esperó sin que se acercaran pasos. "Tooon . . .", volvió a llamar temeroso de que no lo hubieran escuchado. Y otra vez esperó, prestando atención a mantener

una buena compostura, como había aprendido de su exquisito padre, para que no lo acusaran nunca de no tener buenos modales. Entonces, una mulata delgada se asomó entre las cortinas detrás de las rejas labradas de la ventana. La puerta se abrió y la esclava, que desde la ventana lo había recorrido con la vista, lo dejó pasar sin dejar de mirarlo con resentimiento. La esclava se llamaba Otilia, y su hijo había sido enviado recientemente al ingenio de los amos para trabajar en el trapiche, donde se exprimía la caña para sacarle el jugo con que se hace el azúcar. Su hijo era un poco mayor que el chico del violín que hoy recibían en la casona casi como si fuera un señorito. ¡Bah!, su hijo tenía la piel más clara que este negro violinista. ¡Sí, más clara que hasta ella misma! Otilia le indicó el camino al violinista y lo dejó solo en el pasillo junto a la sala.

—Tú, espera aquí —le dijo mientras se perdía de vista.

Claudio se asomó a una sala aparentemente solitaria. Era tan amplia que bien hubiera podido servir de salón de baile. Dio un paso tímido y miró con admiración los muebles de oscura madera de caoba, los adornos exóticos y la inmensa lámpara de canelones de cristal que colgaba del techo. En ese momento retumbaron desordenadamente las teclas del piano que estaba en una esquina de la sala. Claudio se fijó en el bello piano de cola, con la tapa abierta, detrás del cual una niña de bucles rubios, sentada de cualquier modo en la banqueta, dejaba caer las manos sobre las teclas con aburrimiento. La niña se levantó de repente, irritada con las teclas blancas y negras. Era muy delgada, de baja estatura —casi una cuarta más pequeña que el recién llegado—, con ojos vivaces y pecas en la nariz. Claudio sospechó que debía de ser la vizcondesita. Por fin, ella le dijo con desenfado:

—Apuesto a que sabes tocar mejor que yo.

El violinista afirmó con una inclinación de cabeza.

—¡Entonces toca! —le ordenó señalando el piano.

Para Claudio no habría sido ningún sacrificio complacerla, y mucho menos en un piano tan magnífico como aquél, pero estaba desconcertado. ¿Acaso debía la alumna decirle al maestro lo que tenía que hacer?

En aquel momento se escuchó el conocido rozar de telas de los amplios vestidos de las señoras de la época. La vizcondesa Marguerite entró en el salón.

—¿Ya está aquí el violinista? —se sorprendió.

Claudio pensó que había hecho mal en no esperar fuera de la habitación.

Entonces la misma esclava que lo había recibido regresó a la habitación.

La hermosa vizcondesa hizo un mohín, no acostumbraba a regañar a los esclavos ya que ella había nacido en Francia donde no se permitía la esclavitud, pero esta vez le reclamó a la que llegaba:

—¡Otilia!, has tardado en anunciarme la llegada del violinista. ¡Tráele una limonada!

La esclava hizo un gesto sumiso y salió, luego de lanzarle una mirada de soslayo a Claudio.

—Veamos, violinista —dijo la vizcondesa con su acento francés—. Quiero que mi hija aprenda a tocar el violín lo antes posible. Sus primas ya saben tocar el piano y la flauta. ¡Es mi deseo que Inés haga con ellas un trío en Navidad!

Claudio tosió. ¿En Navidad? Observó los dedos de la vizcondesita, que eran más bien cortos y en ese instante tamborileaban en la madera del piano con impaciencia. ¿Cuántas horas necesitaría él para lograr que aquellas pequeñas manos aprendieran a manejar un arco y un violín e interpretaran alguna pieza sencilla? Por fin, la niña detuvo el movimiento de los dedos y se movió por la sala sin dejar de prestar atención a lo que hablaban.

—¡De lunes a viernes recibirá clases mi hija! —continuó resueltamente la vizcondesa—. Su padre pasará más tiempo en la tutela del ingenio pues empieza la zafra, y yo podré ocuparme de que Inés practique el violín.

Entonces sonó nuevamente la aldaba de la puerta y no tardó en aparecer la esclava Otilia para avisar:

—¡Han traído un paquete para su merced! Dicen que llegó de Francia.

La vizcondesa esperaba unos libros de arte y se levantó de inmediato.

—Pueden comenzar la clase. Regresaré enseguida —anunció y salió de la habitación.

Inés se había sentado nuevamente en la butaca del piano, pero de espaldas a las teclas.

—Sacaré el violín . . . —dijo Claudio y abrió la caja.

El violinista empezó por levantar el arco y por un extremo le estiró las cerdas hechas con pelo de caballo. Luego extrajo cuidadosamente el violín para afinarlo moviéndole las clavijas. La niña se levantó del asiento y se inclinó sobre la caja para ver si adentro quedaba algo más, entonces se volteó hacia Claudio y de manera inesperada pasó con fuerza un dedo por las cerdas tensadas. Claudio retiró instintivamente el arco y el violín. No había sido fácil para él llegar a tener aquel instrumento y temía que la inexperta niña no supiera valorarlo. A ella no le importó su recogimiento, sino que se acercó aún más tratando de alcanzar el violín. Claudio empezaba a irritarse. La niña era ciertamente irrespetuosa y él dio unos pasos atrás para evadirla.

—¡Déjame verlo de cerca! —reclamó la vizcondesita.

Por fin Claudio se atrevió a responderle:

—Señorita, los dedos tienen grasa y suciedad. Ninguna de las dos cosas es buena para un violín. Hay que tratarlo con cuidado.

—¡¿Mis dedos, sucios?! —la vizcondesita fijó sus ojos color de miel en aquellos pequeños dedos que habían trasteado la jaula de la cotorra y se echó a reír—. Es cierto.

Claudio se sintió avergonzado. No había querido decir eso... Aprovechó que era hora de comenzar la clase para salir de la difícil situación y empezó por preguntarle amablemente a la vizcondesita algo que debería ser obvio:

—¿A vuestra merced le gusta la música?

Inés abrió los brazos y los movió como si siguieran algún ritmo, antes de confesar:

—Me gusta la danza.

Y para que no hubiera duda, hizo graciosamente una vuelta de vals.

—¡Quisiera ser bailarina! —suspiró—. Moverme libremente por el escenario y poder inventar los bailes que yo quiera. Pero mi madre dice que no es apropiado para una señorita.

Claudio la escuchaba interesado. La niña continuó:

—Mi madre quiere que aprenda a tocar el piano. Pero a mí me pareció más bonito cómo tocabas el violín en el teatro. El violín puede sujetarse entre el hombro y el mentón y andar con él por el escenario. ¡Y usar el arco como si fuera una varita mágica para sacar música!

A Claudio se le iluminó el rostro, quizás no todo estaba perdido. Si Inés sentía que el arco era una varita mágica, entonces él podría lograr que ella llegara a tocar como un hada. Bueno, era un decir, porque en verdad primero él tendría que convertirse en mago para captar toda su atención. No quería decepcionar a la vizcondesa y sobre todo deseaba empezar a ganar reconocimiento como maestro para conseguir más alumnos. Su sueño era llegar a ser algún día un gran concertista. Por eso tenía que reunir dinero: para ir a completar sus estudios en un conservatorio de Europa.

—Comparar el arco con una varita mágica es acertado —le dijo Claudio a su alumna—. Todo depende de la maestría con que se sepa manejar el arco. ¡Verá cómo funciona esta varita mágica!

Y colocando el violín en su hombro dejó correr el arco por las cuerdas para sacarle una alegre melodía.

Pero la vizcondesita no se quedó quieta escuchándolo, sino que dio unas palmadas de entusiasmo y sin perder tiempo empezó a seguir ágilmente

la música con los pies, agarrándose el largo vestido que por momentos se le enredaba en los zapatos. No bailaba nada mal, notó el violinista mientras la acompañaba con la movida música aprobando sus pasillos por el salón.

En ese momento se escuchó un carruaje que se detenía frente a la casona de las tejas verdes. Inés paró de bailar y corrió a la ventana. Parecía muy extrañada cuando se voltó para avisar:

—Ha regresado mi padre del ingenio.

Se mantuvo atenta a las confusas voces que casi enseguida llegaron desde el corredor, sobre todo a la de su padre cuyo tono parecía molesto.

Al cabo de unos minutos, la vizcondesa regresó nerviosa a la sala. Se detuvo junto al piano y anunció con voz endeble:

—No podrá seguir la clase. Mi esposo ha llegado anticipadamente del ingenio y esperamos visita.

La niña hizo un gesto de contrariedad. Justo cuando empezaba a divertirse tenían que terminar. Pero al escuchar los pasos de su padre por el pasillo no protestó.

Claudio tampoco dijo nada, hizo una respetuosa inclinación y antes de salir del salón se volteó discretamente. Entonces Inés alzó un brazo y unió los dedos para hacerle una simpática señal, como si se despidiera con una varita mágica.

Era temprano cuando un calesero negro haló las riendas de los caballos

e hizo que el carruaje se detuviera en el número 168 de la estrecha calle Águila de La Habana donde vivía Claudio. El calesero bajó de su alta silla y golpeó fuertemente la puerta con los nudillos. Claudio se preparaba para salir a impartir la clase a su nueva alumna, pero hasta él llegó la voz del calesero que traía un imprevisto mensaje para el señor Brindis. El calesero venía de parte del vizconde y el mensaje tenía que ver precisamente con Claudio.

—Ya no se necesitarán los servicios de su hijo como violinista en la casona de las tejas verdes. La vizcondesita tendrá otro profesor —dijo el calesero con voz retumbante y se retiró.

El señor Brindis cerró la puerta y miró a Claudio con extrañeza. ¿Qué incorrección habría hecho su hijo en casa de los vizcondes para que cancelaran su contrato?

Claudio tuvo que contarle varias veces al director de orquesta los detalles de su corta visita a la casona de las tejas verdes. No había hecho nada malo. El director de orquesta le creyó, pero entonces su rostro adquirió una expresión de amargura. Y sin decir nada más, se retiró a sus obligaciones.

Claudio trataba de repasar los hechos que pudiesen haber disgustado a la vizcondesa Marguerite, cuando el mismo calesero que había traído la noticia se asomó discretamente por la ventana y le hizo una señal para que se acercara.

—Toma, violinista. Me lo han dado secretamente para ti —le dijo bajando lo más posible la voz, mientras introducía un sobre blanco entre los barrotes. Y le advirtió asustado—: Ten cuidado, el vizconde es un hombre muy duro. Nadie debe saber que la niña Inés te ha enviado esta carta.

El rostro del esclavo desapareció de la ventana y Claudio rasgó nervioso el sobre:

San Cristóbal de La Habana, 6 de agosto de 1864

Querido Maestro Claudio:

Ayer me divertí mucho en la clase. Siento que no puedas volver. Y todo por culpa de que mi padre llegó del ingenio y supo que mi madre te había contratado. ¡Si hubieras podido venir más días, seguro que yo me aprendía alguna tonadilla…! Después de todo, me hubiera gustado hacer sonar el violín en la fiesta de Navidad, aunque como sabes lo que más me gustaría es ser bailarina. Mi madre trató de convencer a mi padre para que permitiera tus clases, pero él siempre le respondía lo mismo: que una niña de mi color no puede tener un maestro del tuyo ¡Qué rarezas las de la gente mayor! Como si la música tuviera color.

Y ahora que no te permiten regresar, no tendré quien toque para mí una bonita contradanza u otra música buena para bailar. Por suerte pronto iré a la hacienda y aunque sea a escondidas danzaré con la música alegre de los tambores que suenan en los barracones de los esclavos.

Se despide de ti, tu antigua alumna,

Vizcondesita Inés

Claudio se rascó la cabeza y agarró un abanico de palma para ahuyentar el calor que parecía haber aumentado con los acontecimientos. ¿Cómo

no lo sospechó enseguida? La vizcondesa Marguerite no había consultado a su esposo antes de contratarlo y por eso le abrieron las puertas de la casona la primera vez. Y ahora él tenía que decirle adiós a la vizcondesita y a sus ilusiones de ganar dinero para poder ir a estudiar a Europa. Si no lo empleaban los blancos, qué podía esperar de los negros que o no tenían dinero propio por ser esclavos o, en caso de ser libres, casi nunca contaban con lo suficiente para gastar en clases de violín.

El joven violinista pasó el resto del día pensando en cómo hacerle llegar a la vizcondesita de los bucles dorados una respuesta a su amable carta. Y cuando cayó la tarde, tomó el violín y salió apurado en dirección a la casa de las tejas verdes.

La calle de los vizcondes estaba desierta. El violinista se detuvo en la esquina de la casona donde vivía su antigua alumna y, sin esperar más, se colocó el violín en el hombro y empezó a tocar. Del instrumento salió una alegre melodía que se escuchó en toda la calle. Inés se asomó a la ventana de su habitación. Afuera no se veía nada porque Claudio permanecía escondido detrás del farol que el sereno aún no había encendido. Sin embargo, aquella melodía . . . ¡Claro!, era la misma que el joven violinista había interpretado para ella el día anterior. Sin soltarse de los barrotes, Inés siguió la música con los pies.

Los portones de las casas cercanas rechinaron, algunos vecinos querían saber quién tocaba tan bellamente. Pero la puerta de la casona de las tejas verdes se mantuvo cerrada, sólo Inés permanecía en la ventana. Los esclavos —que todo lo sabían siempre— sospechaban quién tocaba sin

atreverse a asomarse. Entonces el vizconde levantó enfurruñado la cabeza de las cuentas del ingenio e hizo un gesto de fastidio. Su esposa desvió la mirada antes de comentar:

—Debe ser un músico ambulante.

Claudio terminó la pieza y se retiró de prisa por las estrechas callejuelas. Quizás nunca más volviera a ver a la vizcondesita, pero confiaba en que la música le hubiera dejado saber cuánto había apreciado su mensaje. ¡No había mejor cartero en el mundo que las notas de su violín!

¡Qué tenacidad la de Claudio! Como no podía ser maestro y ganar dinero para ir a Europa, buscó la forma de que Europa viniera a él. Supo que a la calle Muralla había llegado a vivir un reconocido músico clásico belga y se presentó en su casa en busca de ayuda.

—Así que eres el hijo del director de la orquesta popular —le dijo el magnífico violinista Vander G.

Claudio afirmó seriamente:

—Sí, señor...

—Eso me dice algo, pero no es suficiente —le interrumpió el exigente músico—. Antes de decidir si puedo prepararte para ir al conservatorio… ¡tengo que escucharte tocar el violín!

Claudio alzó resueltamente el violín que llevaba consigo y se lo colocó sobre el hombro.

—¡Un momento! —lo detuvo el músico—. ¿Es acaso ésa la mejor forma de sostener el violín para obtener el mejor sonido?

Claudio se desconcertó.

—¡Ah, veo que aún tienes muchas cosas que aprender, jovencito! —dijo nuevamente Vander G., colocándole el instrumento un centímetro hacia atrás—: Bueno, bueno . . . ¡toca! —le ordenó y se sentó a escuchar.

Después de respirar profundo, Claudio cerró los ojos y empezó a mover el arco. Del instrumento salió una fina melodía de moda.

—Claudio, tienes una singular habilidad para tocar las octavas*. Vaya si es difícil ser tan preciso en ese ejercicio en el violín, porque hay que usar diferentes dedos en cuerdas diferentes a la vez y presionar en el lugar exacto para que salgan afinados los dos sonidos. Si perfeccionas esa técnica podrías dar algunas sorpresas en la música.

A Claudio se le iluminó el semblante.

—Te ayudaré a prepararte —continuó el maestro—, aunque sólo podré llevarte hasta un punto. Si quieres llegar más lejos, deberás estudiar en el Conservatorio de París.

¿El Conservatorio de París?…¡Ése era su gran sueño! ¿Pero cómo podría alcanzarlo?

—Por tu talento y por ser hijo del músico Brindis tendré consideración —dijo Vander G. y escribió algo en un papel que le entregó—: sólo te cobraré esta cantidad por las clases.

El pequeño violinista miró el papel. La cifra escrita le bailó delante de los ojos. Tal vez para aquel músico belga medio duro de plata era poco dinero, pero para él … Sin chistar, hizo una cortés inclinación a modo de despedida, guardó el papel, y regresó a su casa.

Claudio caminaba de un lado a otro con el papel en la mano cuando oyó entrar a su padre que silbaba alegremente llamando a sus hijos. El director de orquesta exclamó entusiasmado:

—¡Nos vamos a una gira por Cárdenas, Cienfuegos, Güines, Matanzas y Santa Clara! ¡Esta vez ganaremos bastante! ¡El mejor de los contratos!

A pesar de su fama, nunca era suficiente lo que ganaba el músico Brindis para mantener a su numerosa familia y para su exquisito vestuario de artista. Pero ahora prometía que habría un cambio. Claudio se le acercó.

—Padre, ¿cree usted que en esta gira yo podré ganar medio duro de plata con mi violín?

—¡Medio duro de plata y más! —le contestó su padre eufórico—. ¿Pero para qué necesitas ese dinero?

El pequeño violinista le mostró el papel que le había dado Vander G.

—¡Oh, Claudio! Todos lo dicen cuando te oyen tocar: ¡eres la esperanza musical de Cuba! Conseguiremos ese medio duro y lo que haga falta para que te prepare el experto Vander G. ¡Algún día estudiarás en el Conservatorio de París!

Y con el mejor de los ánimos, el director de la orquesta y sus hijos partieron con el resto de la banda en busca de fortuna y aplausos al interior de la larga isla de Cuba.

Cuando regresaron de la gira, Claudio acudió a la casa del músico belga y le pagó por adelantado. Desde entonces, cada mes, su padre guardaba medio duro para abonar sus clases. Muchas veces, Claudio lo acompañaba en la orquesta con su violín; otras, el señor Brindis conseguía presentaciones como músico solista para entretener las veladas nocturnas de sociedad. No faltaban las ojeras de cansancio en la cara del elegante director de la orquesta de bailes que trabajaba duramente para algún día ver realizado el sueño de su talentoso hijo.

El tiempo fue transcurriendo y Claudio se convirtió en un joven de 16 años. El músico belga Vander G. ya no tenía nada más que enseñarle y el esbelto violinista ansiaba más que nunca poder viajar a Europa. Había desarrollado la técnica para tocar las octavas de una forma extraordinaria. ¡Ah!, si pudiera llegar al Conservatorio de París, estaba seguro de que algún día se le recordaría entre los grandes violinistas. Pero aún no ganaba lo suficiente.

Así pensaba Claudio cuando en Cuba comenzó la Guerra de los diez años. Negros y blancos se reunían en el monte cubano para luchar contra la metrópoli española y la esclavitud**. Cada día la ciudad estaba más revuelta. Su padre notaba la inquietud de todos los jóvenes y temía que "la esperanza musical de Cuba" se viera envuelto en los acontecimientos y cayera en prisión, igual que le había ocurrido a él mismo décadas atrás. Y es que el director de la orquesta no había podido olvidar aquellos duros años antes de que naciera Claudio, cuando las autoridades lo acusaron de participar en la rebelión de los negros y mulatos, llamada La Conspiración de la Escalera. Entonces el músico Brindis, aun siendo tan conocido, fue apresado y desterrado de Cuba, y perdió todos sus bienes. Durante varios años el buen músico se refugió en México, pero tan pronto pudo, regresó a su isla. Pobre y casi olvidado, Brindis no se dio por vencido, sino que creó brioso una nueva orquesta para otra vez animar los salones de

baile. Es decir, la misma orquesta en la que a veces tocaba Claudio. Pero ahora el país volvía a estar muy revuelto y el experto músico se mostraba preocupado.

Una noche en que el director de la orquesta regresaba a su casa absorto en sus lúgubres pensamientos, una humilde vendedora lo detuvo en la calle:

—¡Señor, señor! ¡Cómpreme este billete de lotería, por favor, que no he vendido ninguno!

El músico se detuvo, compasivo. La mujer estaba andrajosa y mal nutrida y, aunque a Brindis no le sobraba el dinero, sacó una moneda, pagó el billete y le dejó el cambio. Luego siguió su camino con una expresión de tristeza por las secuelas de la guerra y de la esclavitud. Al llegar a su casa puso el billete sobre la cómoda de cedro y se acostó a dormir. Cuál no sería su sorpresa al descubrir al día siguiente que había ganado 19 onzas. Sin perder tiempo corrió al puerto y compró un boleto en un barco de pasajeros. Y entonces regresó presuroso a su casa en busca de Claudio.

—¡Empaca tus cosas, que te vas a México! —le dijo con firmeza a su hijo.

El billete de lotería no era suficiente dinero para enviar a Claudio directamente a Francia. Pero Brindis sabía que en México amaban la música. Sí, aquel país donde también él había vivido sería una buena escala para su hijo músico.

—¡Tienes que ganarte la beca del Conservatorio de París! Trabajarás en México y de ahí viajarás a Europa.

Claudio estaba atónito. Era demasiado respetuoso para contradecir a su padre que llevaba años luchando por verlo triunfar y además . . . ¡iba a iniciar su soñado viaje hacia París! Lleno de ilusión, pero con pesar por la partida, dijo adiós a su familia reunida en el puerto. El faro del Castillo de los Tres Reyes del Morro de La Habana quedó atrás. El barco avanzaba por las aguas del Golfo de México, ¡y a los pocos días llegó al hermoso puerto de Veracruz!

Allí nadie conocía al joven violinista, que para no gastar las pocas onzas que llevaba se puso a trabajar como estibador en el puerto. Mucho pesaban los sacos de azúcar, pero tan pronto llegaban los momentos de descanso, Claudio sacaba el violín y empezaba a tocar. La brisa del mar llevaba sus finas melodías entre los barcos anclados. Un día, los artistas de una compañía de Zarzuela que andaban por los muelles descubrieron asombrados aquella música exquisita. Muy pronto se corrió la voz de que un violinista extraordinario deambulaba por el puerto.

No tardaron los nuevos amigos de Claudio en organizar un concierto en su beneficio. ¡Ah!, cómo se los agradecía el joven violinista: con ese dinero iba a seguir su viaje a Europa. Así fue como una mañana gris del año 1870 Claudio vio realizado su sueño de llegar a París.

¡Ya estaba en la gran ciudad! Podía pasear por los Campos Elíseos para ver a las primorosas jóvenes vestidas a la moda, o dedicarse a admirar los palacios, las obras de arte y las fuentes en las calles. Podía hacerlo, pero sabía que debía prepararse para los exámenes del Conservatorio y eso fue lo que hizo. Claudio practicaba todo el día, le dolía la espalda y tenía un grueso callo en el cuello de tanto sostener el violín. Tampoco el dinero era abundante, puro pan y queso barato comía al borde del río Sena, pero él seguía adelante. Fue un joven mucho más delgado quien se presentó en el conservatorio a participar en el concurso.

Los estirados profesores sentados en las butacas se hallaban muy atentos a cada actuación de los concursantes. Y por fin llegó el turno del violinista negro. Todos lo miraban intrigados, y algunos hasta hacían una mueca de desconfianza. Muy pocos hombres de su color lograban llegar a los grandes conservatorios en tiempos cuando todavía existía la esclavitud en algunos países.

Claudio sacó su violín y lo colocó en el lugar preciso para hacerlo sonar a la perfección. Estaba tan nervioso como los otros concursantes. Levantó el arco y cerró los ojos. Entonces el arco empezó a moverse sobre las cuerdas y la música invadió el lugar. El joven violinista cambiaba con maestría la posición de la mano izquierda para lograr las notas más agudas sin desatender la afinación. Hacía sonar el violín con gran sentimiento y perfección, y los presentes seguían con asombro su manera de ejecutar el difícil ejercicio de las octavas. Cuando terminó, la sala estaba en completo silencio y Claudio regresó a sentarse en su lugar, junto a los demás aspirantes.

Al final del concurso se escuchó un nombre:

—¡*Monsieur* Claudio José Domingo Brindis de Salas y Garrido!

El ansioso violinista volvió a ponerse de pie, y el director del jurado le anunció:

—*Félicitations, Monsieur*. Usted ha sido aceptado en este ilustre Conservatorio por decisión unánime del jurado.

Los aplausos inundaron la sala y Claudio levantó su violín sin poder disimular su alegría. Una jovencita rubia que estaba en el público era quien más aplaudía. Iba acompañada de su prometido, pero eso no impidió que lanzara al escenario una flor y gritara en español: ¡Viva Claudio! Al salir del salón la misma joven se le acercó sonriente y le extendió la mano. Era su antigua alumna de la casona de las tejas verdes, la vizcondesita Inés, que ahora vivía en París con su madre, ya que su padre había muerto. Cuando la vizcondesita supo que un violinista negro cubano se presentaría en el certamen no tuvo dudas de que se trataba de Claudio.

El violinista tampoco había olvidado a la niña de los bucles dorados. Ahora la vizcondesita estudiaba danza y su novio era un joven bailarín del teatro moderno. Pronto se irían los dos a España a conocer las técnicas de la danza sevillana. Claudio se despidió de ellos con verdaderas muestras de simpatía. Tal vez volverían a encontrarse algún día en los grandes escenarios.

Esa noche, los nuevos alumnos aceptados en el Conservatorio se reunieron para festejar su ingreso al afamado colegio de música. Algunos llevaron sus instrumentos y tocaron para alegrar la fiesta. Cuando Claudio hizo su ejecución, se escucharon las más bellas melodías de sonoridades caribeñas, ¡una verdadera novedad en Europa! Eran los tiempos en que en aquel continente se estrenaba la famosa ópera "Las Valquirias" del músico alemán Richard Wagner y el ballet "Coppelia" del francés Leo Delibes.

Otros nombres de compositores de la época, Tchaikovsky, Liszt, Brahms, Verdi…, llegaban a los oídos de los estudiantes del Conservatorio. Toda esa música ansiaba escuchar el nuevo alumno Claudio, pues quería interpretar composiciones de los grandes maestros.

Un año después, se volvió a hablar con entusiasmo de aquel violinista en París. Claudio conquistó —entre muchos concursantes— el ansiado primer premio del conservatorio. A partir de entonces, el joven Claudio Brindis de Salas empezó a hacerse famoso. Le llegaban contratos de muchas ciudades. Se cuenta que entre sus conciertos más inolvidables estuvo el que hizo en la Scala de Milán, donde lo llamaron *El Paganini negro*, porque les recordó al famoso italiano Niccolò Paganini, uno de los mejores violinistas de todos los tiempos.

Y mientras eso ocurría en el viejo mundo, del otro lado del Océano Atlántico, en el puerto de La Habana, un alto hombre negro de exquisitos modales les preguntaba a los músicos que llegaban desde Europa:

—Cuéntenme, por favor, ¿han oído hablar de mi hijo?

Y los gruesos labios del señor Brindis se extendían en una amplia sonrisa siempre que escuchaba:

—¿Acaso es usted el padre de *El Rey de las Octavas*?

Entonces, el refinado director de la orquesta de bailes, lleno de orgullo, regresaba con largos pasos a su casa, silbando alegremente. No quería tardar en llevarle a toda la familia las buenas noticias sobre Claudio.

⚜ ⚜ ⚜

PAGANINI

BRAHMS

VERDI

NOTA BIOGRÁFICA

CLAUDIO JOSÉ DOMINGO BRINDIS DE SALAS Y GARRIDO nació el 4 de agosto de 1852 en la ciudad de La Habana, Cuba, que entonces era una colonia de España. Hijo de un famoso músico, a los ocho años compuso su primera pieza musical llamada "La simpatizadora". Al cumplir once años causó la admiración del público cuando se presentó con su violín en el Liceo de La Habana. En 1869 viajó a Veracruz, México, y tocó en un concierto organizado en su beneficio por una compañía de zarzuela. Después siguió hacia Francia, donde por sus dotes consiguió entrar al Conservatorio de París.

Dos años más tarde, en 1871, recibió el primer premio del prestigioso Conservatorio, lo que le abrió las puertas del mundo europeo. El joven Brindis debutó en la célebre Scala de Milán y en otros teatros importantes. A partir de entonces viajó por Alemania, Rusia, España, Italia, Estados Unidos, México, Argentina y otros países de Europa y de América para ofrecer sus conciertos y se convirtió en uno de los más afamados intérpretes de su época. Se le conocía como *El Paganini negro* y *El Rey de las Octavas*. Se dice que fue músico en la corte de Alemania y por corto tiempo director del Conservatorio de Haití.

A pesar de la fama, nunca olvidó a su país e hizo algunas donaciones para ayudar a la guerra de independencia. Regresó varias veces a su patria y tocó en diferentes ciudades de la isla. En La Habana se presentó con su antiguo maestro Vander Gutch. Años después, tras ofrecer su último concierto en el teatro Espinel de Málaga, en España, regresó a América y murió solitario, en Argentina, de una enfermedad repentina el 2 de junio de 1911. Casi veinte años más tarde, las cenizas de Claudio Brindis de Salas fueron trasladadas con honores en una urna a Cuba, y actualmente reposan en su ciudad natal, en la antigua iglesia de San Francisco de Paula, frente a la Alameda.

NOTAS

* En la música se le llama octava a la distancia entre dos notas musicales del mismo nombre, una más grave o gruesa y la otra más aguda o fina, separadas por seis notas consecutivas. Por ejemplo,

Do, re, mi, fa, sol, la, si, Do

1   2   3   4   5   6   7   8

Si el músico toca a la vez el primer y el último *Do*, está tocando una octava. Hay instrumentos en los que es fácil tocar las octavas, como el piano y la guitarra, y otros donde es difícil, como el violín, la viola y el violonchelo.

**En 1880 fue abolida la esclavitud en la isla de Cuba.